HORMIGUERO

HORMIGUERO

JAVIER VILLASEÑOR

Valparaíso
EDICIONES

Número 468 de la Colección VALPARAÍSO DE POESÍA
dirigida por FEDERICO DÍAZ-GRANADOS

Diseño de colección y portada: Chari Nogales

Maquetación: Ciclo Creativo

Imagen de portada: Silvia García Mejía

Primera edición: febrero de 2025

© De los poemas: Javier Villaseñor

© Valparaíso Ediciones
  C/ Fray Leopoldo, 7 bajo, 18014 Granada
  www.valparaisoediciones.es

ISBN: 979-13-87538-21-7
Depósito Legal: GR 194-2025

Impreso en España - *Printed in Spain*
Gráficas Gami

El papel utilizado para la impresión de este libro está calificado como papel ecológico y procede de bosques gestionados de manera sostenible

HORMIGUERO

Para Pajarito, un camino de hormigas.

But am I who I was.
I think I am someone. There is someone here and I feel it in me or with me.
But where is here and how long am I here and am I only what is here.

She knows these words. She is all words but she doesn't know how
to get out of words into being someone, being the person who
knows the words.

DON DELILLO

I

Ansiedad
      verse reducido a un ínfimo cuerpo
al más   mínimo espacio de   aire
      jorobado
      siguiendo un rastro sobre el suelo y cargando el
peso del cielo entero

inclinarse sobre el suelo y seguir caminos de hormigas
hasta el nido
      hasta los pequeños agujeros que son las puertas
de sus casas y entender que viven entre nosotros
      dentro de las paredes
         debajo de las tejas del techo
            entre los anaqueles de la
        despensa
               debajo de la estufa
                  corriendo en
              ríos de electricidad
              debajo de la piel
                  y rascarse hasta
              dejarlas salir
      a las hormigas
      que fluyen como sangre de una vena quemada y
sin oxígeno para comernos a todos

la presión es insostenible debajo del cielo
      debajo del cielo y dentro de este corazón

II

esta es
      también
la historia de una aniquilación
      cacería furtiva
          despojo de deseo
             gratificación máxima e
             instantánea al punto del desvelo como
             rascarse un piquete de mosquito o la
             mordida de una araña hasta desgranar
             la piel

levantarse de la cama es una proeza
una gesta abrir los ojos de mañana

seguir con la fe de prometeo y la joroba de atlas bajo el
cielo que cae
sin otra ruina mítica que las cuatro paredes del cuarto
donde escribo
sin otra ruina que el reflejo de mi cara en el espejo
que no sabe ver estos ojos que no saben leer esta alma
perdida al cauce de bits y bytes y reflujo biliar
          pixeles y decibeles
letras como marabuntas de hormigas que me llevan sin
saber a dónde me llevan
letras sin pautas letras sin pausas días y noches de
hormigas y hormigueos y el calor de algún suspiro
esto es
      entonces
          un corolario de lo inútil

porque sigo aquí siguiendo
hormigas que corren hacia el centro de
una nada que me abisma y sé que van a
comernos a todos
las hormigas
y sé que volveré a levantarme de la cama
mañana
sólo para ver salir el sol y decir
que eso ha sido algo

eso ha sido algo

III

sueltan la bomba de humo y tapian las salidas
nos dejan dentro del aire que no se respira
    del aire que mata

alguna vez vimos el cielo
fue hace muchas vidas
estos túneles una arquitectura de infinitos donde el
presente muere y el recuerdo se confunde con todas las
formas posibles de su olvido

memorias de lo único que queda como un sueño
dejar de caminar
ahogarse al corazón del fuego
dejar de hacer ruido
y poco a poco el mundo finalmente hace lo que el
mundo no hace
        guardar silencio
           lo guarda entre las burbujas del
cemento colado de la pared
           lo guarda para sacarlo
de noche y atormentar con su susurro que suena a
golpes de páginas de papel y memorias sembradas
           lo guarda
en el fondo de nuestros ojos y nuestro silencio para
carcomernos cuando no hace hambre y rebatir en algún
punto entre el sueño y la mañana que esto que hacemos

aquí es sólo el golpe de la inercia antes de detenernos
          como el freno de un auto estrellado
          como el ulular de un avión que
desciende del éter
          como el silencio del otro lado del
teléfono cuando ya no queda más que decir
          o ese mensaje que siempre se está
escribiendo y que nadie nunca logra enviar porque
nadie nunca quiere enviarlo
                    sólo escribirlo
          consecuencia de un soplo de vida que nunca fue
nuestro
          consecuencia de tantas otras consecuencias

servirse un tazón de cereal y derramar la leche
ver por la ventana un día que aún no amanece
y el reloj que grita con una prisa ajena y que ignora al
corazón

sí
entre los muros de esta realidad
dejamos la historia y olvidamos el sueño
para hacer lo que el mundo hace cuando finalmente
hacemos lo que el mundo no hace
          guardamos silencio
recalcitrante   el silencio
 como un carcoma en los los huesos
que los hace
          que los vuelve
porosos

recalcitrante así

como un puño en la boca abierta o una patada
en el estómago
como mover las manos así
                        así
                                así
                                        para calmar
                la electricidad en la punta de los dedos
                        el hormigueo
                los insectos corriendo debajo de la dermis
recalcitrante
        el aroma
        el dolor
        la nausea
        la tristeza
        el tiempo que fluye en el tiempo de nuestras
vidas
        la llegada del huracán a la costa del pecho
                revoloteo y tormentas
                        mariposas con alas arrancadas
por el aire
                        un ápice de lluvia
                                un portento
recalcitrante
como mirarse al espejo que refleja lo que no sabe
        que refleja sin ver
                cíclope ciego en su mirada de hoja de
plata
y no saber cómo te ves
y no saber a quién ves cuando los ojos cada vez los ves
más juntos
        recalcitrante como quemarte el hueso de la nariz
                cuando los ojos se te hacen uno
                cíclope ciego en su mirada de hoja de

papel siguiendo líneas de hormigas
               ciego a medias
      a todo lo que de forma evidente se estrella
contra tu cara

IV

cuántas vidas hemos perdido viviendo esta vida
cuántas
        debajo de las pisadas y arrasadas por las suelas
de los zapatos
cuántos ayeres y cuántos mañanas se quedan enclavados
en un hoy

ahora llueve ahora la tormenta desdibuja el cielo ahora
es torrencial y el torrente inunda calles y parques y
avenidas que conectan un punto con el otro
        esta habitación con la siguiente
                el futuro con la posibilidad de
otro futuro
                        uno nuevo uno
diferente
                        un sueño que
vale la pena soñar
        y ahora hace islas por accidente donde
quedamos aislados y con miedo a morir sin aire
        ahora ahoga
        ahora el aire se hace mar y el mar une al océano
del cielo con el océano del mundo

                es un agua que no se puede beber
                        un mar que no se puede sortear
                        la corriente que no se puede
        salvar y no podemos salvarnos a nosotros

mismos
        a merced del viento y la marea
             una gota de tinta de sangre es
una pisada en la arena

cuánta vida hemos perdido viviendo esta vida así
en las remotas islas del presente que es presente
continuo
        que es acción que se ejerce al momento de
decirla como un lápiz que se usa para escribir con grafito
la palabra lápiz sobre la tersa faz del aire que también se
escribe aire

        llego aquí para decir
             que la memoria es la inercia de un
camino que no sé cuándo comenzó pero me encuentro
andando
        caminando el camino caminado por inercia
             para preguntarme si la inercia es el
sentido de estar vivo y estar vivo el sentido para esta
fuerza que empuja al mundo que es la inercia
                fuerza imparable imbatible
ineludible al punto del choque

y alguien se quedará para levantar los escombros tras la
explosión
y escribirá nuestra historia en una arqueología de
fragmentos inconexos

hacernos ficción es la posibilidad de otro futuro
un sueño que vale la pena soñar

HORMIGUERO

el nido
el centro
el núcleo
el hogar / la hoguera
el cuenco del cuenco de las manos
el punto de partida
el nacimiento
el designio el destino y la multitud
el reflejo
la indiferencia
la primera palabra que es igual a todas las primeras
palabras dichas por todos los que dicen una palabra por
primera vez
    y significa lo mismo siempre que la dicen
la presión
    naciente incesante que llega un día sin otro aviso
que un golpe en el pecho y desde entonces decide no
marcharse decide quedarse decide seguir ejerciendo su
fuerza hasta oprimirnos al espacio mínimo del mundo que
nos corresponde
    al nido
    al centro
    al núcleo
    a la hoguera
la decisión
    la indecisión
las consecuencias
el arrojo

el desplome
la desesperación
el miedo
lo finito
el miedo a lo finito que se vuelve infinito
lo infinito
       ahí de donde venimos y ahí a donde vamos a
volver porque este es un lapso es momentáneo es un
accidente una discrepancia un breve ínfimo y repentino
instante de conciencia que se apaga como las luces de
todas las estrellas
la resignación
la resignificación
el espacio para lo que importa
       lo que importa
el latido
la esperanza
el corazón
la trascendencia
la intrascendencia
la indiferencia del ojo que es el cielo que nos mira a
todos en su alma de azul sin final
las olas
el cuenco en el cuenco de las manos que sostienen agua
que se escurre
el agua
el aire
el humo
el miedo
lo finito
la deferencia del ojo que nos mira como si siempre nos

mirara por vez primera cálido y sin final
las olas
el corazón
la sangre
el significado
      la primera palabra que es igual a todas las
primeras palabras dichas por todos los que dicen una
palabra por primera vez
      y cambia de significado siempre que la dicen
porque la lengua muta la lengua cambia y cambia el
significado y el sentido y los sonidos se aglutinan al oído
como las palabras escritas se enfilan como caminos de
hormigas negras sobre el papel
      el idioma de los mudos
      la lengua de los mundos
      el lenguaje de los sentidos
          el tacto
          el aroma
          la electricidad
             la piel
la mirada que mira y sin saberlo
          y sin saberlo crea
          sin saberlo cree
la mirada que mira y hace nido
el nido
el centro
el núcleo
el hogar / la hoguera
      que lo consume todo
      que todo lo quema

V

será que todos tenemos el terror de que salgan de entre
las paredes y comiencen a caminar sobre nosotros a
descarnarnos con las tenazas de sus bocas y a mirarnos
desde lo cercano lo minucioso lo minúsculo lo imposible
porque es una cosa muy nuestra muy latinoamericana
muy realismo mágico muy la tradición literaria del
siglo veinte que sigue la acumulación de ideas hasta el
absurdo como quien se inclina para seguir un camino
de hormigas muy haciendo reverencia a la inutilidad
muy *la última estirpe que no tendrá una segunda oportunidad*
sobre la tierra y cuyo último eslabón está siendo devorado por
las hormigas porque seremos devorados por ellas seremos
digeridos y convertidos en la amalgama de saliva y
polvo que hace las veces de argamasa que entreteje los
pasillos y corredores y chimeneas de sus nidos inmensos
y subterráneos porque al final cuando todo esto acabe
esta vida nuestra esta nuestra historia sobre la faz de
esta pelota de saliva y polvo sólo ellas seguirán reptando
por las profundidades del mundo uniendo naciones
inexistentes y traspasando las fronteras que desde
siempre fueron líneas imaginarias que dibujamos para
enmarcar nuestra desdicha en una geografía ilusoria
entramada por ideales y espejos y espejismos en una
carrera bruta por llegar más y más allá y tener más y
más que eso y acumular como acto de aislarnos del resto
del mundo al interior de paredes blancas entre todas las
posesiones que decimos poseer y que nos poseen con
la misma fuerza pues a cada acción corresponde una
reacción de la misma magnitud pero en sentido inverso

y es ahí cuando las cosas se vuelcan contra nosotros y nos
muestran su verdadera cara de vacuidad y sinsentido
que termina por definir nuestra vida donde la pintura
de las paredes se descarapela en escamas monstruosas
y a los techos los posee un humedal remanente del
diluvio cósmico porque crea un orden donde antes no
lo había como las letras en los tomos de diccionarios y
enciclopedias para demarcar el camino que debemos de
seguir hacia alguna historia algún concepto alguna idea
siguiendo y siguiendo líneas de puntos y letras voces de
los muertos voces de todo lo que ya no está aquí en un
vano intento por ser memoria del mundo porque en
un lugar debe quedar todo guardado todo documento
todo debidamente organizado al interior de este cosmos
que llueve y llueve a tal grado que se desgarra el cielo y
detrás de su azul sólo queda el color del vacío que no se
ve y que poco a poco se acerca y se va comiendo lo que
queda hormigueando la realidad sembrando el terror de
ser comido y ser objeto y espacio de tránsito como una
isla a la mitad de un rastro intangible de feromonas que
se siguen ciegamente para llevarnos a casa y enterrarnos
en el interior del interior de nosotros mismos hasta
reducirnos al absurdo puntillista que las mentes que
piensan mejor que la mente de uno dan por nombrar
singularidad y reducidos así a esa nada infatigable
se habrá cumplido el designio marcado para nuestra
especie verlo y vivirlo y pensarlo y sentirlo todo y
sentirlo con abrumadora sensatez y vivirlo con la pasión
de quien se aferra a la vida misma por el simple hecho
de vivir y abrir los ojos y ver el cielo y escuchar el viento
soplar y a los insectos chillar y a las hormigas murmurar

entre los picos de los pájaros y decir que la vida es bella
que la vida es hermosa y que merece la pena ser vivida
por espacio de un gemido un suspiro un murmullo y al
final un respiro un pedo y un adiós

VI

saliva azucarada
sudor olor frutal
fruta madura fermentándose
esperando a la luz del sol
la explosión que deja al descubierto la pulpa podrida y
burbujeante y levemente alcoholizada
    lo suficiente como para emborrachar hormigas y
hacerlas soñar
        soñar con ser algo más que ser hormiga
    sueños hormiga

todo madura muy rápido en el aire
    incluso las ideas que crecen de ser un incendio a
    ser hastío
        de ser ideas a ser malas ideas
        un sueño repetido
            un sueño repetido como una
marabunta que noche a noche se dedica a carcomer lo
que me queda de entraña
            un sueño repetido como
una palabra que de tanto leerse pierde sentido y suena mal
                un sueño
repetido como comer lo mismo todos los días como un
perro que se emociona siempre que se le sirve en el
mismo plato la misma marca de croquetas
                y saliva
al verlas

condicionados al caramelo

gotitas de miel que se dejan caer como un rastro

que conduce de la cocina al matadero

de la miel al veneno
                                        lo que
nos acaba matando es lo que nos llevamos a la boca
                              saliva azucarada
                        sudor olor frutal
                  fruta madura fermentada
            que nos hace soñar a la luz del sol ser
algo más que ser hormigas
            sueños hormiga

VII

sigue corriendo
   sigue corriendo
      sigue escribiendo sigue pensando sigue
siguiendo las líneas de las letras y las palabras que
forman las letras para ver hasta dónde te llevan
            sigue corriendo en círculos en
torno a ti mismo sigue dando vueltas en esta carrera que
gira en torno a un punto vacío hasta que dejes de sentir
los pies y acabes muerto de agotamiento sofocado por el
aire que los otros ya respiraron por ti por el calor que
generan los cuerpos que siguen corriendo en círculos
alrededor de nada
                  sigue soñando
                     sigue
despertando y mirando la aralia que crece del otro lado
de la ventana y preguntándote dónde está ese sueño
de ese otro mundo fuera de este mundo que la vida te
prometió
                              dónde
está la selva que solía estar donde construyeron esta otra
selva de piedra para mantenerla bajo control

dónde queda su memoria

dónde está la vida que la vida me prometió
      sigo despertando y mirando por la ventana sigo
despertando y soñando sigo despertando y deseando
ese otro lugar que sólo existe como una sensación

intangible inexpresable y abstracta de otro lugar fuera
de este lugar de otras paredes que no son estas paredes
de otras prisas y otros miedos y otras formas de ansiedad
que se parecen más a la luz que se desdibuja en un
campo al atardecer y que es luz hasta donde se pierde
la vista mientras llega la noche con sus otros fantasmas
atrincherados debajo de las camas y las estrellas se
pintan de ancestros

no
       la vida no me ha prometido nada
          sólo esta misma carrera
               este mismo tumbo esta misma
rueca que gira y que todos hacemos girar y que nadie
piensa en detener porque pensar en el fin del mundo es
más fácil que pensar en el fin de la rueda
porque el corazón late y su latido es tan sólo un susurro
      sigue corriendo
         sigue corriendo
            sigue corriendo
               sigue corriendo

VIII

yo no sé
ya no sé
si queda vida en este vivario
que me trajo al mundo y sólo me dijo vive y vive como
puedas vivir y vuélvelo a hacer todos los días y escribe
sobre lo que se vive cada día y que esas letras sean el hilo
que ata tu piel a tu cuerpo para que todos puedan verte

se inundó la cocina
intenté secar el mar con una toalla de papel
había una hormiga en mi café
y fue tan trascendente que sólo me saqué la arena de
debajo de las uñas con un palillo para dientes
y quedó registrado en la indiferencia de las ondas en el aire
alguien puede leerlas
y ver cómo nos abrimos camino entre las
dos láminas de cristal que encierran nuestra vida

IX

mi cuerpo me queda grande
exoesqueleto de piel sensible que protege a una criatura
aún más débil
        coraza que siente de más y que termina
      por volverse polvo pese a todo lo que siente
          polvo que vuela al aire sin
     historia ni importancia
              sólo polvo y ya
                  que se acumula
    como la edad de las cosas quietas
    cuerpo que choca contra las esquinas y las
puertas contra otros cuerpos contra el aire y contra la
corriente
        que ocupa un espacio que es el espacio
negativo del lugar en donde está
        que duele
          que pesa
            que peca
              que
tiene la virtud de sentir y hacer sentir a los demás
    y que también
       en carne
         puede ser un arma

opaco reflejo de todo lo que no es alma

MONADOLOGÍA

listado de cosas ínfimas
una mirada cómplice
una gota de agua que augura una tormenta mucho más
grande que ella
un suspiro
el instante más claro del sueño un momento antes de
despertar
   sueños hormiga
el sabor que queda al fondo de la taza de café
el viento de mañana en una mañana de primavera
como el precio de una memoria que se desvanece de tan
pequeña que es de tan pequeño que es el recuerdo de
tan poco que importa y tan grande que nos parece
la primera luz
la última luz
la primera estrella
la primera persona que decidió desearle a una estrella
el primer deseo
la primera fatiga
la primera frustración
la primera pesadilla
un grano de sal que no se disolvió en la comida
una errata como un punto en medio de una oración que
no lo necesita
minúscula inicial
las palabras dichas entre sueños y las murmuraciones
que responden
los botes de basura

una pestaña que no cumplirá ningún deseo
una borla de pelusa de tu suéter favorito
espiráculo que mantiene vivo a todo lo que tiene vida
poro
sudor marino
fotosíntesis
papel fotográfico quemado al sol velando una fotografía
que nadie recuerda y que de repente parece importante
el fantasma que parece jugar detrás de una cortina en
una habitación en silencio
el viento que ulula
la nube de polvo que sopla detrás del viento
el polvo que llega con el viento para cubrirlo todo como
un memorial de los años
el ruido que hace el polvo al asentarse sobre los libros
que nadie lee
el último libro que leíste
un caballo pastando en medio de una llanura donde sólo
existe la hierba quemada la tierra y el sol
el ala de una mosca
una nube en el cielo que es la única nube en lo alto del
único cielo
      y es azul
            el cielo
                    más azul de lo que recuerdas
                    más azul que el azul del mar
                    más azul que la forma más pura
del miedo
la última palabra en el último libro escrito por un
escritor rupestre
      mal colocada

mal escrita
más azul que el azul mismo y
más verdadera que nada que se haya escrito antes
es un gesto que desafía lo ínfimo
un gesto que desafía la historia
que niega volverse polvo
es el polvo al final
polvo ocre y oxidado
hierro de la tierra
es la huella de
una mano en un muro que se pulveriza
es el polvo que había al
inicio
el polvo que habita el principio
el polvo

HORMIGUERO

esto es un ataque de ansiedad
esto es un arranque personal insignificante y emotivo
con tal de decir algo que se parezca a algo
es un punto de partida
es el punto final
es una servilleta de papel que se lleva el viento en una de
esas terrazas de uno de esos restaurantes que invaden los
espacios de las calles de la ciudad y a los que les da por
nombrarse regeneración urbana
esto es el centro del nido
      que nadie intenta recuperar
          y que dejan que se vayan simplemente
volando como una forma de fauna resignada

    in bocca al lupo
        es el centro de la noche
           esto es un deseo de suerte
lanzado a futuro sea lo que sea que uno crea
    crepi il lupo
            es el colmillo
desgarrando el aire y dentando el silencio de la noche
esto es una pausa en la respiración
es un aliento perdido
es una mala idea
pero toma el día
    toma el día
        hazte el día
           pies descalzos sobre el suelo que

no se ha barrido en años

                            y acabar comido por las

hormigas que uno se imagina

X

uno decide los asuntos que permite que lo consuman
como buscar instantes ideas o momentos que podrían
considerarse poéticos pero que acaban por ser sólo
palabras al hilo como caminos de hormigas enfiladas a
una muerte segura
letras rebuscadas e insensatas
sin otra intención que parecer tener alguna intención y
engañar en el intento
        la ilusión de la profundidad
                la profundidad de la vida misma bajo
su propio latido necio un ímpetu diario una fuerza
incesante que se basta con seguir siguiendo
        un camino
            un libro
                una palabra
                    la memoria del mundo
condensada en un arrebato
                       y es lo que vale
la pena
                       y es lo
que nos conecta con todos los demás

saber que venimos de una misma historia que nadie ha
terminado de contar
seguimos escribiendo al hilo
arrejuntando palabras
para hacerlas decir algo que se parezca a algo
aunque sólo sea por diversión

XI

elijo no dejar de soñar porque sigo escribiendo mi
nombre con mayúscula al inicio
elijo consumirme en el fuego de amar y amar por decidir
amar y seguir aquí y seguir amando y esa es la elección
más pura y más honesta y más sensata
       así como un rincón en una habitación donde
apenas ocurre algo aspiro a ser en mi vida puro y
honesto y sensato
            y consumirme así
            estructural sigiloso y lleno de polvo
elijo las palabras porque si algo debo de seguir será el
rastro que me siga haciendo caminar hasta su centro
imposible
elijo el cielo de noche porque aunque no existan los
ancestros sé que están ahí mirando
elijo los anillos de saturno porque la indiferencia del
universo tiene un sentido de estética
elijo a los volcanes porque todo lo que está vivo fluye con
sangre
elijo el olor de la tinta porque recuerda a un desastre
primigenio
elijo el color de los ojos de mi esposa porque atraviesan
cada capa de invierno hasta llegar a un verano en paz
elijo el mejor verano de nuestras vidas
elijo la brisa del mar elijo el espejo del agua elijo el sabor
del agua fría después de una noche de insomnio
elijo mi primer recuerdo porque es una semilla de la que
brota el árbol que lleva mi voz

elijo mi voz porque es mía
elijo a mis padres porque son el eco que resuena cuando
la noche parece no tener un final
elijo la pantalla que pinta estas palabras y elijo estas
palabras porque dicen algo que se parece a algo más o
menos sensato
     y eso es algo
        y es más de lo que jamás podría elegir

XII

no quiero más pasos que no puedo seguir ni más
sueños de grandeza que sólo terminan por enaltecer lo
pequeños que somos y andar diez pasos para regresar
veinte y terminar dando vueltas en un circuito que
conecta la vida y la muerte

                                     el momento de mi
nacimiento con el momento de mi muerte como el
tránsito de una vida vivida en poridad o secreto o
silencio o disimulo o indiferencia o puridad y no quiero
más silencio no quiero más poros dilatados en la piel
que son presagio de asfixia ni aire acartonado ni células
diseccionadas en un tiempo deshilado que se vive como
se vive día con día como cualquier otro día

                                  imperios que disimulan recato y que
prometen la eternidad entre cosas que son fugaces y
tampoco quiero seguir queriendo cosas que imponen
una forma de querer ni quiero seguir dibujando líneas
como puntitos que unen el allá con el acá con el ahora
ni árboles que crecen como gigantes que se alzan del
suelo violentos e inmensos y hermosos y cuyas copas se
confunden con las nubes enramadas retorcidas como
cada una de nuestras historias y las consecuencias de
cada una de nuestras decisiones que simplemente

                                             simplemente

no se lavan al llegar al fondo de una copa de vino

XIII

pero estoy aquí y es más de lo que imagino
yo soy una cosa que solía ser yo   hoy ya no sé qué soy
hoy ya soy alguien que escribe sobre alguien que solía ser
la persona que solía ser yo
y queda

       sólo una palabra

       sólo una página más

       mi poema favorito es una página en blanco y la
mancha de una taza de café que escurrió por los bordes
          no necesita letras
             una novela sin trama sólo el
revoloteo sin final de la historia que llega al mismo
punto que todas las demás
             porque ya hemos estado aquí
esto ya lo hemos vivido

y yo estoy aquí y es más de lo que imagino
entre una marisma de nombres escritos con la punta del
dedo sobre una placa de cemento fresco
como cicatrices que gritan desde la piedra
y me recuerdan todo a lo que le he dicho adiós
esos aires
       esos recuerdos
          esas líneas en el tiempo que de repente
no pueden seguir más porque mañana es un horizonte
vertical que se debe de escalar y ayer es vértigo ahogado
en humo

parado entre un océano y un poste de luz
la tormenta del medio es intempestiva   su lluvia me
arrulla para dormir con una impotencia parecida a la paz
un suspiro que me despierta de noche
y es mío y está aquí y es más de lo que
nunca voy a saber y nunca voy a poder imaginar

un sueño intranquilo sudando otro río que desemboca al mar

HORMIGUERO

olvida lo que olvidas
        olvida la melodía y la letra de la canción
           olvida la noche
        olvida cómo respirar en medio de un sueño
donde sueñas con una planta en una maceta en medio de
un cuarto vacío
                la luz baila en el polvo
                las paredes son blancas
                        hay una voz y parece que
alguien te dice algo
                        olvidas por qué pero es
algo importante
           olvida tu nombre al despertar y olvida en
dónde estás y olvida la cama
           olvida cómo leer
              buscas en el diccionario una idea
pero no sabes exactamente qué idea
              olvida pero dices que amas
el cielo es un caramelo   lo podrías comer   en   una
sola fila para llegar a él

olvida si encendiste la estufa y regresa para olvidar por
qué lo habías olvidado
corre del humo que hace dormir y que no se puede ver
olvida si cerraste la puerta al salir y olvida si cerraste la
puerta al entrar
la vida entre un ballet de puertas y ventanas que parece
que parpadean

olvida el ritmo y el ruido dentro de tu pecho es un ruido de fondo que a veces estorba porque no deja pensar

olvida el pedazo de sandía que se cayó al suelo y que invadieron las hormigas

olvida el recorrido y el camino al lugar ínfimo de donde corren

lo recóndito de lo recóndito

una burbujita en el medio del corazón que de repente mata

y olvida preguntar si realmente conoces a quien dices que conoces

esto es todo lo que eres   le preguntas

esto es todo lo que eres   le respondes

olvida lo que está frente a ti

y ponle un nombre diferente a los nombres que ya cambiaste

un ritmo que duele como arrancarte una uña como cortarte con el borde de una hoja de papel que fue testigo de tu nacimiento

una gota de sangre que es una fresa mordida

un escaparate para el alto contraste

el deseo de tomar una fotografía sólo para recordar y guardar en contenedores de plástico sin tapa

las caras carcomidas por el polvo ya no tienen nombre

lo olvidas y está frente a ti

una ventana de papel

agitas la fotografía como un abanico en tu mano y la miras y no recuerdas nada de lo que ves

no sabes por qué está ahí y no sabes quién

es quién entre las personas que están en el recuerdo
                una imagen velada   un hito
un cielo azul como caramelo sobre hierbas de espigas de
oro y un niño abrazando una figura de piñata
            alguien se acerca
                alguien lo mira hay   latas   y   botellas
            de   refresco   y   envolturas   de   chocolate
            y   caramelos   y   vestidos   de   verano   y
            playeras de descanso de colores de verano
            descoloridas por el tiempo
            hay una violencia   algo se va a aprender y
olvidar ese día   mientras todos miran

                    algo está a punto de romperse

MONADOLOGÍA

las copitas de latón de colores
los portavasos con *pinups* y bromas adulteradas
los vasos con frases que se descubren a medida que bebes
el olor del armario donde estaba el estéreo, los juguetes
de madera
el sonido de la celosía corriendo sobre el riel que divide
un lado del otro lado de la casa
el olor del piloto de la estufa a gas   del sazonador
del desodorante de bicarbonato refrigerado
el ventanal con un vidrio quebrado desde tiempos
inmemorables
el insecto atrapado entre la coyuntura de los cristales del
ventanal roto desde tiempos inmemorables
          algo como un fósil o una broma que se descubre
a medida que bebes
el olor de la salsa de tomate del pastel de carne a punto
de ser servido
los patrones del tapiz en la pared que se burlan de la
vida y la vida que se burla de los bordes despegados del
tapiz
el color escondido de una pared que no sabe llorar
el sueño de una década donde sólo cabía soñar porque
todo lo demás ya se había quemado
          plásticos plomos asbestos tablas de información
nutrimental empaques tóxicos de colores para comida y
caricaturas en los envoltorios de los chicles
          caricaturas en la televisión para olvidar cómo soñar
          nacionalismos y soldaditos de plástico fundido

el pasillo tras la puerta del armario de la habitación del
piso de arriba que parecía sacado de una nave de una
película de ciencia ficción
             cuarto oscuro
la habitación forrada de alfombra y tapiz y una televisión
trinitron de 1976 junto a la cama de resortes y espuma
carcomida por un dolor bibliotecario
el corredor de la alacena y la puerta de servicio oculta
entre el patrón del entablado de la madera

             corríamos hasta caer   corríamos entre las
sombras de un día que se acababa entre el susurro de
una vela que no sabe si se va a apagar montada en un
vaso de cerveza carta blanca   corríamos entre las
puertas entreabiertas de la sala comedor cocina estudio
cuarto de baño y despensa   corríamos entre los
pasillos alumbrados por la luz del sol que caía del otro
lado de la calle y que entraba como un suspiro o un
dolor o una esperanza oculta entre los vitrales amarillos
y naranjas y que cuajaban el último rayo del día en una
pecera llena de piedritas de colores que alguien alguna
vez confundió con caramelos   corríamos hasta caer
dormidos y despertábamos con marionetas y dibujos
animados rusos y libros de cuentos ilustrados sobre
visitantes de otros planetas que venían para enseñarnos
algo de nosotros mismos
el azulejo verde del baño verde
las paletas de chocolate después de la comida
la fuente quemada y la base de la fuente llena de larvas
de mosquito y renacuajos que no vivirían más allá de la
primavera

el jardín con baldosas enmohecidas de recuerdos y las
astillas de la caja de una guitarra que alguien aventó desde
la azotea después de toda la luna y todo el vino que es un
recuerdo que yo no recuerdo pero que alguien sembró en
mí y recuerdo a la par como algo ajeno y algo mío
las escaleras de marinero
el cuarto prohibido color rosa y salitre y con olor a
negación forrada con pliegos de plástico estática polvo y
peleas silenciadas por kilómetros de frontera
el final la reja que escalábamos para entrar   el ficus
de la entrada   los números en latón dorado el camino
a casa en el coche de lámina verde con sus faros que
alumbraban todas las esperanzas en la mano y que no
alcanzaban a iluminar el final de la noche
los domingos
la lluvia que era puntual
los sueños hormiga que soñaban con otra clase de
desvelos
los deseos gritados a las esquinas y las palabras en la
pared
los días sin color los colores de los días   el pasado es la
bruma que se aleja como los faros de un coche a punto
de atropellarte el futuro el borde de la banqueta la
respiración el ahora
          apenas y llueve
la cámara fotográfica en el estuche de piel que dice
kodak 1936 y que había sido de alguien que ya no es más
que luz que baila en el polvo

XIV

y el grito para salir que se vuelve canción a medida que
deja la garganta como bajan por la garganta las onzas
y los litros de vino que diluyen la sangre y la ilusión
en una discusión sin cátedra sobre los derechos de las
personas que sirven vino en las mesas de los cafés donde
el cielo azul carcome el alma y te grita y te dice y te
empuja a decirte quédate adentro enciérrate en ti y no te
atrevas a salir de los límites que marcan la frontera entre
tu piel y todo lo que permanece afuera
                              la afasia
                              el dolor de muelas
                              las palabras que se
atragantan como una galleta de soda seca en la lengua y
que se vuelve una pasta en el paladar
el libro que llevas a todas partes y que cuenta la historia
del mundo de acuerdo a tus ojos
y el grito para salir que se vuelve canción a medida
que deja la garganta a mitad del zumbido del mosquito
que rompe el sueño porque la desesperación rasga la
piel como la aguja de una tornamesa que vibra al ritmo
de un disco que gira a treinta y tres revoluciones por
minuto tocando la canción que sabemos que es nuestra
canción y que bambolea como un océano entre las olas
                              entre las olas
                              entré a las olas de
los pulsos cardiacos y la revolución que convive en el
encuentro de dos ojos que auguran explosión de café de
noche y chocolate y vino tinto para encauzar el sueño

un mal sueño   un mal dormir
            es una cabeza sin cuerpo y una cara sin
cara que dice sin remover el aire
            nunca vas a salir de aquí

y amas entonces la falta de esquinas al interior de una
cáscara de nuez

XV

sin espacio para el recuerdo ni recuerdo para el espacio
despacio como cuando bailamos lento en la sala sin
música y encima del sillón improvisamos una noche
privada de ballet
subimos como burbujas de vino al aire el grandioso aire
tomamos enmiendas y las hacemos bola como servilletas
de papel con poemas escritos que son basura
y llenamos y sacamos y quemamos cajas de cartón donde
alguna vez metimos toda nuestra vida
nuestra vida hormiga
nuestra vida pequeña y sin origen sino el deseo y el ojo
azul que a veces es el cielo

     a veces recordamos
          no tenemos espacio para recordar no
tenemos espacio para el dolor que recuerda el recuerdo
ni tenemos voces para pedir o dar perdón ni tenemos
temple de acero ni voluntad de hierro
sólo siempre tenemos aire
sólo siempre tenemos hambre
       nos comemos el presente atragantados de
pasado
         y el pasado pasa
           y el pasado se desliza sobre
nuestra piel como un agua helada que dejamos correr en
la regadera
               se va para no volver
se va para evaporarse en mil hubieras que sólo existen

cuando se escriben pero no cambian nada
                                    se va como
el agua que puede quitarnos la sed pero nada puede
quitarnos la sed ahora que sólo siempre tenemos hambre

XVI

déjame explicarme que no sé si me explico realmente
porque realmente no entiendo y a veces me cuesta
trabajo encontrar las palabras para encontrarme y
explicarme
la memoria es una cosa corta
       es una cuna
           es la punta del hilo que deshilamos para
decir que seguimos el camino que nos lleva al lugar
donde todo comenzó
              déjame explicarme que se me
olvidan las palabras
              a veces despierto y no sé
dónde despierto y el miedo me roba las cosas que tengo
que decir
              a veces me asusta la
sombra del aire y me asombran los huecos inmensos que
la noche dibuja en la pared
              a veces no me encuentro
en mi almohada y mis sueños no encuentran camino para
soñarse y se pierden como suspiros que dibujan pesadillas
       que sólo la poesía salva y no sirve para nada
       que sólo la sal nos parte la lengua y nos quita el
hambre para matarnos de sed
       que sólo la soledad se vive sin tener que
encontrar palabras para vivirla
       que sólo uno se cuenta como uno se cuenta y ese
mito es una justificación para decir que se es como se es
y se hace lo que se hace porque uno nace así

                    como es
                              como cada uno se cuenta cómo es

aplastas hormigas con la punta de los dedos sin
presionarlas por el placer de aturdirlas y recordar que
de repente atlas puede estremecerse y dejar caer por un
instante una esquina de la bóveda celeste sobre nuestra
espalda pero nos deja seguir nuestro camino
            magullados y violentos   lentos y apagados
ansiosos por liberarnos de este peso que es el cielo que
nos cae entre el corazón y el cuello
            el orden del cosmos sigue girando sobre
nosotros y nosotros de tanto caos no podemos
explicarnos
            me cuesta explicarme
                    es un grito sin aire una voz sin voz un
poema sin palabras y una palabra sin origen
                          sólo para encontrar algo que se
parezca a algo
                          un día lo voy a decir
                              sigo anotando
palabras en una libreta llena de otras palabras
                                      algún
día fueron algo pero es un idioma que yo no entiendo
más
            déjame explicarme   en silencio   sin
buscar otras palabras

XVII

pateo latas de sopa vacías para hacer música del eco
y recordar fantasías de alguna vez calentarlas con la
resistencia del encendedor del coche como salía en
la película que me gustaba cuando era niño y armar
palabras y oraciones y poemas con las letras de la sopa
de letras entre el recaudo de jitomate y el aceite que uno
se pregunta a veces si debería de estar ahí
      y jugar juegos improvisados con la hojalata
oxidada que no tiene otro propósito que ser olvidada
en un monte entre toda la basura que la gente deja
olvidada en los montes y que se vuelve la excusa perfecta
para jugar algún juego de fútbol improvisado por
algún grupo de niño que iba pasando por ahí porque el
destino es una cosa cíclica y redonda y todos somos sólo
parte de una cadena de historias que cuentan historias o
de latas pateadas
      un fantasma en una ciudad de fantasmas donde
las sombras recuerdan todo lo que las palabras a veces
no encuentran
            y que siembra recuerdos que a veces
terminan pero nunca de forma segura comienzan en
algún lugar
      cuál es el inicio de una memoria
      cuál es el inicio del sueño
      cuánto de lo que recuerdo realmente recuerdo y
cuánto de lo que recuerdo es realmente mío
      llegamos al recuerdo recordando y de repente
nos encontramos soñando sin una puerta que se abra sin

un umbral sin un preámbulo o prefacio que explique lo
que sigue en las páginas que siguen historias que cuentan
historias y que seguirán contando porque existir es narrar
la existencia y encontrarle forma a lo que existe tallado
en palabras propias y ajenas y escritas en papel y dichas
en el aire historias que cuentan historias y que seguirán
contando las voces que le dan forma a nuestra piel
                un rastro de polvo que enlista a todas las
personas que conozco y que he conocido
                        no sé a quién voy a conocer
                sólo en un espejo el aire nunca está
demasiado vacío y la noche juega con las voces
juega con los ojos juega en silencio juega con nosotros

XVIII

crecer más allá de mi propia casa como el caracol que
construye su concha con la baba de los días
brindar con extraños en vasitos de cartón bajo cielos
acartonados y reventados por fuegos artificiales
caminar hasta quemar las suelas de mis zapatos
lamer las rocas para beber el aire de la mañana
ampollarme los ojos mirando al sol amanecer
congelarme la vista de tantas alunizadas
soñar con soñar con soñar con soñar y despertar de cada
uno de los sueños con el sobresalto de un nuevo día en el
que nunca se acaba de despertar por completo
escribir hasta sentir que escribí
imaginar mundos fuera de este mundo y dentro de mi corazón
añorar futuros pasados
crecer más allá de mi propia casa como los cangrejos
ermitaños
construir una casa en lo alto del pico más alto y vivir a
merced del viento el escarpado y la roca yerma
confundir las montañas con dientes de sonrisas de gigantes
brindar con amigos en vasitos de cristal que resuenan en
una sinfonía al rozarlos con los dedos
vaciar mi cuerpo de hábitos inútiles
despertar en la pradera de un sueño nuevo
encontrar una madriguera
correr a los brazos de quien corre a mis brazos
colorear palabras e inventar nuevos diccionarios de
dulzura

cocinar a fuego lento y comer en diez minutos
hornear esperanzas y cobijar historias
hilar nuevos hechos
congelar los cielos salpicados de luces que son estrellas
que son antepasados que son esferas de gas quemándose
en la nada
descubrir tesoros en cuevas de la memoria
escribir libros que no sé cómo escribir
crecer más allá de mi corazón como un perro que no
puede con la emoción tras el regreso de su familia al
final del día
acariciar como acarician las olas del mar
recordar como huellas en la arena
olvidar como una escritura cuneiforme tallada en una
tablilla de barro horneada por los fuegos de la historia
resonar como un móvil de viento con los sismos
alertar el paso de los segundos con la punta chata de una
pluma negra
alentar nuevas palabras en diccionarios inmensos
quemarme los ojos siguiendo la línea de hormigas de las
palabras que llegan al centro del centro de la memoria
leer por el placer de beber café acompañado de
fantasmas
escribir hasta sentir que escribí
crecer más allá de mi propia historia como una montaña
que nunca tuvo la esperanza de nacer debajo de la
planicie que era

HORMIGUERO

alguien arrojó a la reina a una cubeta llena agua hasta que
la reina se ahogó y toda la colonia de hormigas peligra

alguien escribió una lista y se puso a dormir
alguien podó los árboles y les dio forma de caras
sonrientes   patitos   elefantes
alguien recordó a alguien y se sirvió un vaso de whiskey
alguien olvidó cerrar su puerta
alguien perdió su cartera
alguien intentó escribir un poema que no decía nada
y se rindió al poner el punto final porque el poema ni
siquiera le gustaba a ese alguien que intentó escribirlo
alguien no tolera a alguien
alguien saca a pasear a un perrito que ladra con cada
pasito que da como escupiendo sus pulmones
alguien pierde el corazón por alguien
alguien tiene fe pero no tiene esperanza
alguien confunde un aullido con un grito de auxilio
alguien tiene un bebé que llora y está llorando
alguien le escribe a alguien y abraza la carta antes de
dejarla ir
alguien mira a alguien y se llena los ojos de ese alguien
alguien despierta y no sabe dónde despierta
alguien despierta y recuerda dónde despierta
alguien no despierta y su recuerdo es el inicio de una
hebra de olvidos
alguien dice que las sonrisas son el móvil del mundo
alguien dice que una mirada devuelta es el inicio de un

sueño imposible
alguien no entiende lo que alguien le dice sobre algo que
debería interesarle
alguien suspiró lo que le quedaba de alegría
alguien decide creer pero no sabe en qué creer y en el
fondo de su pecho hierve algo así como un impulso
alguien se sirve otra taza de café la mano le tiembla
alguien se arrepiente de algo y mira el horizonte como
quien pierde algo
alguien pierde algo
alguien gana algo que no se puede poner en palabras
alguien inventa una historia que contar y esa historia que
cuenta se volverá verdad
alguien se duerme al volante
alguien llega a casa cuando la ciudad cae en silencios que
erizan la piel
alguien confunde el ruido del viento con el ruido de la
lluvia y se pone a dormir
alguien confunde el eco de la ciudad con un relámpago
distante y teme que vaya a llover
alguien se ahoga en la ducha
alguien se ahoga en un vaso de agua
alguien se ahoga en el tazón de cereal con leche que
desayuna por las mañanas
alguien se ahoga entre la tela de su suéter
alguien hace una lista y enlista a todas las personas que
ha conocido e intenta recordar algo sobre cada una
alguien falla
alguien falla otra vez
alguien tiene esperanza pero no tiene fe
alguien tiene sed y no tiene agua

alguien olvida algo
alguien mira a las plantas crecer en silencio e imagina bosques
alguien siente tristeza y no sabe explicar de dónde viene
esa tristeza
       y no sabe ponerle nombres o palabras
       y no sabe qué hacer con esa tristeza que siente
           alguien espera que su tristeza pase porque
hay algunas tristezas que son mayores que otras tristezas
         hay algunas tristezas pequeñas casi
insignificantes
              tristezas que se tragan como
pastillas de vitamina y se disuelven con el agua de la llave
por la mañana
         y hay otras que forman islas y que el mar
no puede lavar
alguien escribió una lista y la pegó en la puerta del
refrigerador con un imán de un viaje a Florencia que
nunca ha hecho
alguien siente tristeza
alguien se siente una isla
alguien mira el mar

XIX

es hermoso y lo odio y es difícil porque es hermoso y es
odioso porque es hermoso y el golpe llega como un puño
al cuello o algo así como una puñalada al centro de un
lugar de ti mismo que no sabías que estaba dentro de ti
       es temible y terrible
            es ver el ojo a los ojos y sentir eso que te
carcome por dentro que te está comiendo el alma
      una marabunta con tenazas en los hilos
plateados que nos unen a todos o un salto al ojo del
huracán que sólo mira como se mira al mar

es un soplo
es un mensaje escrito con cuña sobre el cuerpo de una
nube que poco a poco se deshace con las corrientes del
viento
los ojos de un cachorro que te miran como crees que no
miran a nadie y la colita golpeteando y ondeando detrás
de una felicidad que esconde algo una travesura un
error una culpa que anida en el centro del silencio una
palabra que grita que no es la palabra debida y que el
tiempo no es el tiempo y el lugar no es el lugar
      un error espaciotemporal sincopado a un ritmo
que duele
      es acabarse en un solo pensamiento y pensar
un solo pensamiento y quedarse dormido en la silla
del escritorio con los brazos cruzados en una junta de
trabajo y despertar porque la cabeza se va de lado y
el sopor es una nube de gas de ácido que oprime los

pulmones y la pesadilla llega por la esquina de la mirada
como un perro rabioso decepcionado y enojado que pela
los dientes y salta dispuesto a morder
      el miedo es un cachorro que se orina de emoción
      el miedo es un desastre casero
      el miedo desgarra el tejido que llamábamos nosotros
      el miedo es otro nombre para la decepción y las
lágrimas que piden perdón sólo alimentan a los monstruos

lo siento
      intenté hacer lo mejor
            y mejor de lo que recuerdo y lo que
recuerdo ya no sé si lo recuerdo

 y es el golpe que llega como un puño al cuello o algo así
como una puñalada al centro de un lugar de ti mismo
que no sabías que estaba dentro de ti temible y terrible
ver el ojo a los ojos y sentir eso que te carcome por
dentro que te está comiendo el alma

                una marabunta con tenazas
             que carcome los hilos plateados que
             nos unen a todos o un salto al ojo del
             huracán que sólo mira
                    vacío
                          como se mira
             al mar

XX

escribir desde un lugar que no quiere escribirse
escribir desde el cansancio
arrancarse la piel y mirar con curiosidad lo que vive debajo
suspirar y esperar que el suspiro se vuelva el hilo de
plata de una nube al atardecer o que el aire diga algo
que se parezca a algo y tenga algo de sentido
hacerse grandes preguntas que no pueden responderse
y encontrar otras voces que ayuden a preguntarte más
mirar la tierra y llorar
adoptar a una nueva y joven versión de ti mismo y
llevarla como una fotografía en el bolsillo trasero del
pantalón para no olvidarla
caminar hacia la crecida del río y recordar que el agua
toma la forma de lo que la contiene y el enojo se parece
demasiado a la tormenta
escribir desde las manos engarrotadas que sostienen el
cielo para que no se caiga
romper botellas de vino para bautizar nuevas formas
de sueño y fracasar y cortarse las manos con el cristal y
volverlo a intentar porque la necedad es una virtud poco
valorada
escribir lo que no quiere escribirse
escuchar el rugido de las olas y saber que detrás de la
espuma se esconden leonas con hambre
dejarse devorar ser depredado dejarse arrancar la piel y
ver con curiosidad lo que vive debajo
escribir desde el cansancio con la mirada caída y ya sin
luz encontrar letras con las puntas de los dedos como

líneas de hormigas que conducen a un lugar donde
anida la tristeza
volverse tormenta porque el agua toma la forma de lo
que la contiene y el universo en su inmensidad contiene
gotas como esperanzas como lágrimas como sueños que
caen en la punta de la lengua y no tienen sabor y la
incapacidad de saborearlo todo o siquiera poderlo contar
es algo muy similar a la ira
escribir desde el humo
escribir desde la ligereza de la tierra a nuestros pies y es
un sueño y la semilla de un sueño y es el nido el centro
el hormiguero y el polvo que se cuela entre la boca y que
sabe a infancia y libertad
escribir desde un idioma que no quiere escribirse porque no
tiene la estructura adecuada para darle forma a un llanto
escribir desde el silencio
escribir desde los espacios entre las palabras y las
palabras entre las letras
escribir desde el cansancio
escribir desde los puntos los guiones los saltos de línea y
las comas
       desde los sueños espacios de humo de agua que
toma la forma de lo que sea que la contiene
      el mundo redondo porque gira
          el agua un espectro un fantasma

XXI

me desespero y no sé lo que espero y pierdo la esperanza
intentando buscarla
      buscando algo que tomar entre las manos para
llamarlo mío
        algo como un brillo y destello o un instante de
luz que brille entre las nubes y las formas de la noche
          algo que se parezca al lugar al que se van
nuestros suspiros y esos embrollos que a veces tienen la
forma de los lugares donde ocurren nuestros sueños
           el espacio que sólo existe cuando se
cierran los ojos pero que es realmente el lugar a donde
vamos cuando cerramos los ojos
        me desespero esperando el presente y lo
desentramo como buscando el punto inicial y el punto
final de una madeja de hilo enrollada en sí misma
        dedos funambulistas que hacen suertes en el
vacío un futuro tejido a gancho a cuerda floja
          algo no sé qué es ese algo pero algo que
se deshace debajo de la lengua como una pastilla de
azúcar o un placebo de homeopatía o una palabra que
no existe algo que no sé qué es ese algo pero se parece a
lo que queda después de un sueño que se olvida después
de haberlo soñado y ese vacío entre las palabras y los
ojos tiene la forma del mundo
        espero y no sé lo que espero
        me desespero
                  me desespero
y sigo esperando como quien espera a alguien que

promete llegar sin saber si va a llegar soy la persona
que espera soy lo que hago sentado en una silla en una
habitación entre espejos que entonces está muy llena y
entonces se queda vacía

alguien apaga la luz

XXII

creo en las palabras como patrias hechas de aire que
acogen a quienes no se han olvidado de sus sueños y
creo en la forma que cobran las sonrisas en los rostros
de quienes no se han olvidado de jugar porque a veces
reímos para no llorar y terminamos llorando de risa y
creo en el color del papel detrás de la tinta como una
forma extraña de bosque donde habita el pasado los
fantasmas y las posibilidades y creo en el mar como un
horizonte definitivo que enmarca todo lo que vamos a
conocer del mundo creo también en las posibilidades de
lo ínfimo y en el color de los colores en la luz que llega
un día de repente para decirte que tu vida va a cambiar
y creo en los nombres como estrellas fugaces donde
los niños mandan deseos porque es bueno creer que
existe un poco más de magia de la que nos han hecho
creer y creo que el olvido es la forma de todo lo que se
acaba que el amor es un trabajo continuo y que sembrar
semillas es más difícil que quemarlas pero es siempre
más hermoso que es posible cultivar jardines donde
nunca ha crecido nada y que es posible que el desierto se
convierta en un océano el bosque en un sarcófago y que
las montañas olviden nuestros nombres pero no nuestras
historias creo que la poesía puede curar una forma
específica de tristeza pero puede avivar el fuego de otros
dolores y creo que la vida cambia y que la vida puede
cambiar y que todo lo estático se muere que el polvo es
más honesto que la transparencia del aire porque deja
evidencias que ver cosas crecer te recuerda tu lugar en

el mundo y que siempre llegará una ola más una última ola y que el agua te cobija que el agua vuelve que el agua es una patria líquida que puede ahogar a quienes no se han olvidado de sus sueños que tenemos el fuego grabado en la piel y en la memoria de nuestros pasos en el mundo que todo lo que arde puede vivir de nuevo que la historia no tiene fin sólo silencios incómodos que las palabras nos recuerdan que siempre hay algo que decir algo que inventar una forma de alzar el vuelo para ver desde lo lejos un mundo pequeño y distante donde estamos escribiendo cosas y diciendo cosas y alzando muros y cerrando puertas y mirando por las ventanas para ver qué es lo que la gente hace del otro lado de los muros y las puertas y las ventanas y que ese destello azul que de repente se pierde entre un infinito de gases y polvo y hielo es lo que llamamos hogar

MONADOLOGÍA

fotografía de la sonda voyager del 14 de febrero de 1990
el polvo que condensa la forma del espacio
el silencio inquebrantable de algún lugar donde nadie
puede escucharte
la fotografía de un punto azul alejado por minutos luz de
distancia
lo que estabas haciendo hace nueve minutos
lo que estarás haciendo dentro de nueve minutos
lo que no tiene pasado ni futuro que es inexorablemente
presente y el presente se desvanece en una cola de viento
estelar
lo que no tiene nombre
un mapa para volver a casa tallado en oro con dos
figuras desnudas y extrañas que saludan
la concordia es una mano vacía
la concordia es tener corazón
       la etimología habla sobre el origen pero también
se permite extraños gestos de poesía
la melancolía de un cacharro de metal que surca el
espacio sideral buscando a alguien que escuche algo
ahí donde nadie puede escucharte
el sonido y la ilusión de escucharlo y el sonido y la
ilusión de la escucha la ilusión de la música y la forma de
la música sin forma
           cuánto dura una nota musical cuando el
espacio se extiende más allá de la música misma
la sinfonía escondida en la nostalgia de todo lo que
dejamos ir

un brillo un eco un nombre que se le da a una forma de la luz
lo que queda más allá de nuestros horizontes
la odisea será el retorno de una máquina vieja surcando
los mares del tiempo
        no se espera que regrese
condenada al océano en un viaje sin vuelta
a qué distancia dejamos de ser importantes
a qué distancia las cosas mínimas dejan de existir
a qué distancia contemplamos nuestro propio reflejo en
el espejo del tiempo
a qué distancia el tiempo deja de importar y el espacio
se extiende como esa sábana que cubre la cama de una
ensoñación eterna sin bordes ni lapsos ni historias sólo la
gravedad de las cosas que caen al centro de su abismo

a qué distancia el azul deja de ser azul
a qué distancia el azul deja de ser nuestro
        el mar abraza nuestros recuerdos alrededor del
sol un año y otro y otro más
        en este azul sin final
        es este azul sin final

XXIII

quiero ser el polvo que baila en la luz o luz que baila
entre el polvo luz que viaja entre el polvo que hace
visible lo invisible
quiero ser nuevo porque todo en mí lo siento viejo desde
los huesos que crujen como ramas en el viento hasta la
barba que baja al piso donde anidan los sueños las aves y
las hormigas
       estoy hablando poco estoy diciendo poco y estoy
soñando más de lo debido
             me estoy perdiendo me estoy cansando
me estoy consumiendo en el ritmo que escribo ya no sé
ni lo que escribo
       estoy gritando en silencio hasta quedarme sin
voz estoy gritando hasta encontrar mi voz
no quiero espantar a las palomas al pasar ni hacer ruido
cuando estornudo
no quiero perturbar la ruina de la piedra ni dejar mi
huella como un primate que deja la marca de su mano
en tinta roja sobre la roca
quiero ser la luz que baja por la ventana para colorear el
color de tus ojos y tomar algo así como la forma de tus
labios en tus labios
quiero ser una palabra que dice lo que debe y que nunca
dice más que se escribe entre líneas entre espacios en el
blanco que son el blanco de un ojo la nieve en la cima
de un volcán la lava que fluye hasta el mar la ceniza que
cacarea el fin de los tiempos sobre las copas de todos los
árboles desnudos

quiero ser nuevo de nuevo quiero ser yo y mirar en el
espejo ojos que no saben mirar y de repente entienden
lo que hay al frente
quiero ser el miedo de frente quiero ser la vanguardia
que corre hacia el final quiero llegar al filo de la hoja
y desgarrarme y llorar para encontrarme entre los
pedacitos del aire
no quiero mirar a través de la ventana no quiero llegar
al final de la noche no quiero dejar de soñar no quiero
dejar ir lo que sea que se encuentre cosido a mi alma con
hilos de plata
quiero ser el filo del atardecer entre las nubes que
corren hacia mañana quiero ser un lago que se confunde
con el mar que se confunde con el cielo un cinturón de
asteroides una culpa universal quiero ser la barba que
cae de mi cara para anidar entre los años como una cría
de silencio como un pajarito que está aprendiendo a
cantar

llego tarde y me hago humo como un miedo a ver lo que
sea que vive tras los ojos cerrados no soy nada nuevo
sólo soy mi viejo yo
       que cruje como otoño al meterme a la cama
          y tú a mi lado

tenemos un ritual de acompañarnos a la noche
         te pregunto qué hora es y qué hora será
cuando te vuelva a ver
           y sólo eso importa poco podría
importarme más y nada importa nada más

XXIV

un día habrás deseado estar
        un día recordar como una vieja mitología tu
propia historia
                el qué será y qué habrá sido
                    cómo fue
un día desearás que todo lo que te rodea recuerde que
un día estuviste ahí entre tantas cosas y tantos otros
vistazos amontonados en las esquinas más oscuras de la
memoria
        fotografías que nadie mira
las plantas crecerán sin mí y el silencio seguirá
guardando su silencio
        un día habré deseado estar
                estar aquí

                quiero recordarlo

HORMIGUERO

recuerda el sabor del agua servida en vasos de cristal
vertida de cántaros de cobre sacada de grifos de tuberías
que bajaban por la montaña desde el manantial
recuerda el azul del cielo azul y el blanco de las nubes
blancas
recuerda el aroma del campo que se te pegaba a la piel
como un deseo de estar vivo
recuerda el camino que subía o bajaba y que era difícil
de subir o de bajar
       el camino donde siempre te caías
          el camino que se bajaba en carreras y se
subía apuntalado a cualquier pared
recuerda las mañanas con las pequeñas nubes de pólvora
explotada en el cielo a la deriva sobre el silencio en
fondo azul
recuerda el olor de la madera y recuerda el olor de la
madera quemada
recuerda las gotas de agua suspendidas en el breve
instante donde parecían vencer la fuerza de gravedad las
tardes que debían ser cualquier otra cosa excepto gotas
de agua suspendidas en el fondo de una risa
       recuerda cuando dejaste de recordarlas
recuerda cuando estabas aquí
recuerda el olor de las orejas del perro que te arrebató el
miedo y que cuando se fue te arrebató todo lo demás
recuerda el sabor del primer beso
recuerda el sabor del primer beso de cada mañana
recuerda el sabor del último beso antes de dormir

recuerda el recuerdo y recuerda que no vive en ti
recuerda que no todos los recuerdos son tuyos
recuerda el croar de las ranas en un charco de noche
recuerda los destellos de las luciérnagas sobre el negro
fondo de la noche en un lugar que podría ser cualquier
lugar y que ya no existe
recuerda que hay muchos lugares que ya no existen y
que quizá sólo recuerdas porque te toca recordarlos
recuerda que no todo existe
recuerda el olor de la sala con el cuadro de gala atómica
y la gata y el piano y los libros de mesa de arte
recuerda el sonido de la lluvia sobre los ventanales que
daban hacia el jardín que daba hacia la barranca
recuerda el sonido de la lluvia sobre el domo de acrílico
como cañones o ecos de una guerra que te acompañaban
a la hora de la siesta
recuerda la luna en cada una de sus formas
recuerda perseguir a venus corriendo en el jardín
recuerda a venus oscilando cada tres meses
recuerda el sonido del piano desafinado
recuerda el sonido del piano afinado
recuerda el sonido del piano quemándose que quizá no
es una memoria sino un deseo de una memoria
recuerda la sensación del vapor y el aire frío
recuerda los aromas que se esconden en el plano de la
pared
recuerda la noche que nos quedamos atrapados en el
coche sin luz bajo la lluvia
recuerda los colores que no sé si recuerdas
recuerda el aroma de esa casa y recuerda el aroma
del sótano de esa casa y el sabor de los refrescos que

escondían en un refrigerador en el sótano de esa casa
como un secreto que pretendían guardar por si llegaba
el fin del mundo

recuerda el ritmo del cucú de madera colgado en la
pared repiqueteando cada segundo para marcar que
estaba perdido para siempre

recuerda la canción de los canarios en la terraza

recuerda los viajes hacia la laguna en la carretera
rodeada por el bosque de niebla que abraza los miedos
que es inmune a la luz que guarda silencio

recuerda las nubes nacer de entre los árboles acabada la
lluvia

recuerda todo lo que odiaste porque todo lo que odiaste
lo odiaste por algo

recuerda todo lo que amaste porque todo lo que amaste
lo amaste sin razón

recuerda al perrito que movía la cabeza con la luz del sol

recuerda la mancha azul de algún experimento de
química infantil fallido

recuerda los errores de ortografía

recuerda las caídas que te hicieron sangrar

recuerda el sabor del café que vendías en la puerta de tu
casa cada mañana de verano

recuerda los dibujos que tapizaban las paredes y los
nombres lanzados al pizarrón y los bocetos y las noches
en vela y las mañanas sin hora y la mirada transparente
de los ojos que amas sin medida

       recuerda su risa

recuerda el latido de su corazón cuando te inclinabas
sobre el asiento para reposar tu cabeza en su pecho

recuerda su nombre

recuerda tu nombre
recuerda que un día no vas a estar aquí y vas a querer
desear haber estado
      y hazte presente en los motivos más claros que
alumbran el centro del nido de hormigas en el ojo del
huracán con la luz del sol que nace
            recuerda el polvo que baila en la luz
               sé el polvo que baila en la luz
                  y baila

XXV - PAJARITO

me dices que me ves y sé que me miras
me encuentro en el reflejo de tus ojos como un espejo
imposible y en la curva de tus ojos veo el mapa de un
mundo que es mi mundo a tu lado
        el cielo se refleja más azul que nunca

me dices que me ves y sé que me miras porque yo te
miro a ti y sabes que te veo
es un intercambio es un juego es un duelo de palabras
que no necesitan letras ni sonidos para decirse
        sólo el tacto repentino que despierta el espíritu y
hace nido de la piel
        sólo el vaho del aliento y el calor de la
respiración y el color de nuestros colores haciéndose uno
                cuando nos abrazamos y creo que
podemos volar
                        y te pregunto si volamos y me
dices que volamos
                        y que volaremos y nunca
volveremos y que el suelo quedará debajo
                                esa cosa tan
pequeña que sostiene nuestros pasos y que nos ha
convertido en gigantes

es un tú volviéndote yo volviéndome tú
es un amasijo de posibilidades y versos encarnados en
nombres
        que son nuestros nombres

que abarcan el espacio entero entre
el presente y el ahora y que dan vuelta como anillos a
saturno o lunas de júpiter
        es la canción que traes cada mañana y que
colorea al cielo con la luz de alguna melodía antigua y
olvidada y que tarareo bajo el agua que cae en la ducha
            enterrada entre tantos recuerdos de tantos ayeres

es la canción de tu canción al despertar
acurrucarme en tu pecho y escuchar el ritmo de nuestras
miradas latiendo en lo profundo
y decir sin decir mucho todo lo que no necesita palabras
para decirse
        es mi poema favorito

            que no necesita más para decirse
una mirada en paz

            todas las posibilidades que caben escritas
al corazón de una hoja en blanco.

AGRADECIMIENTOS

Este libro no hubiera sido posible sin el apoyo de mi esposa, de mis padres, de mi hermana y de mi abuela — a ellos les debo todo.

Agradezco a Marcial y a mis tíos —Rafael y Graciela, Laura y Jorge—, por siempre impulsarme y por decidir acompañarme en cada proyecto.

Un agradecimiento especial a Fernando Valverde y a todas las personas que han creído en lo que hago.

ÍNDICE